健身气功科普丛书

健身气功·五禽戏七日练

国家体育总局健身气功管理中心 编

人民体育出版社

图书在版编目(CIP)数据

健身气功.五禽戏七日练/国家体育总局健身气功管理中心编．-北京：人民体育出版社，2014.12
(健身气功科普丛书)
ISBN 978-7-5009-4717-2

Ⅰ.①健⋯ Ⅱ.①国⋯ Ⅲ.①气功-健身运动-图解
Ⅳ. R214-64

中国版本图书馆 CIP 数据核字(2014)第 224355 号

*

人民体育出版社出版发行
北京中科印刷有限公司印刷
新 华 书 店 经 销

*

787×1092 16 开本 7.5 印张 116 千字
2014 年 12 月第 1 版 2014 年 12 月第 1 次印刷
印数：1—5,000 册

*

ISBN 978-7-5009-4717-2
定价：20.00 元

社址：北京市东城区体育馆路 8 号 （天坛公园东门）
电话：67151482（发行部） 邮编：100061
传真：67151483 邮购：67118491
网址：www.sportspublish.com
（购买本社图书，如遇有缺损页可与邮购部联系）

编委会

主　　　任：常建平（国家体育总局健身气功管理中心主任）
执行主任：黄凌海（国家体育总局健身气功管理中心党委书记）
副　主　任：吕实明（国家体育总局健身气功管理中心副主任）
编　　　委：张　征（国家体育总局健身气功管理中心国内发展部主任）
　　　　　　崔永胜（国家体育总局健身气功管理中心科研宣传部主任）
　　　　　　王　涛（国家体育总局健身气功管理中心国内发展部副主任）
　　　　　　石爱桥（武汉体育学院教授）
　　　　　　虞定海（上海体育学院教授）
　　　　　　涂人顺（中国中医研究院西苑医院主治医师）
　　　　　　杨柏龙（北京体育大学教授）

本书参编人员：
　　　　　　虞定海　牛爱军　李　圣
绘　　　图：李丹丹

总 序

健身气功是术道并重，身心兼修的民族传统体育项目，经过千百年风雨传承而历久弥新，深受广大人民群众喜爱。随着四种健身气功的广泛普及，如何进一步帮助广大健身气功爱好者更好地学练四种健身气功，享受习练健身气功带来的健康快乐，促进健身气功的广泛普及，是关心和支持健身气功工作的人们都十分关注的问题。《健身气功七日练》就是为更好地满足不同层次爱好者健身需求，提高群众性健身气功习练水平，弘扬优秀传统文化而编辑的一套健身气功系列教学丛书。

本丛书采用卡通形式编写，按照课堂教学的形式安排课时，运用了教学训练原理，结合四种健身气功的功法特点，遵循学练者的学习习惯，将教学内容分解为七天进行，由浅入深，由易到难。具体到每天的课程安排中，既有动作要领教学，又有易犯错误、纠正方法和功效方面的说明，并且通过小贴示等趣味性提示，融入了健身养生小常识。全套丛书内容精简，层次分明，图文并茂，鲜活明快，集知识性、实用性和趣味性于一体，是一套适合健身气功辅助教学的应用丛书，也是初学入门者和提高技能者的良师益友。

本丛书与原有四种健身气功教材相衔接，又在这些年推广教学基础上，根据爱好者要求适当增加了调息、调心方面的新知识点。为便于学习掌握，每天的教学课程结束后，都有巩固预习的要求。

本丛书由四种健身气功原有主创人员编写，经多次修改，但某些章节仍难免存在浅尝辄止之嫌，不当之处，敬请广大健身气功爱好者批评指正。

二〇一四年四月十六日

目　录

第一天
学习：健身气功·五禽戏基本知识、调息养气法、
基本功 / 1

第二天
复习：调息养气法、基本功 / 22
学习：虎戏 / 22

第三天
复习：调息养气法、虎戏 / 38
学习：鹿戏 / 38

第四天

复习：调息养气法、虎戏、鹿戏 / 53
学习：熊戏 / 53

第五天

复习：虎戏、鹿戏、熊戏 / 70
学习：猿戏 / 70

第六天

复习：虎戏、鹿戏、熊戏、猿戏 / 86
学习：鸟戏 / 86

第七天

复习：调息养气法、健身气功·五禽戏全套动作 / 105
**学习：健身气功·五禽戏的看书学习方法和锻炼
　　　原则** / 105

学习

- 了解健身气功·五禽戏的历史、功法特点、锻炼要领及健身作用等基本知识。
- 调息养气法、基本功。

一、健身气功·五禽戏基本知识

（一）健身气功·五禽戏的历史

  古人很早就意识到动物有很多长处是人类所不具备的，如鸟之能飞、鹿之善奔等，所以，古人相信通过模仿动物的姿势进行锻炼可以健体养生，增长生存技能。《庄子》一书中记载了古代养生之士"熊经鸟伸"的导引动作，长沙马王堆汉墓出土的《帛画图》上也有很多人们仿生锻炼的画像，汉文帝时的刘安在《淮南子》一书中记载了时人模仿熊、鸟、凫、猿、鸱、虎等动物姿势进行锻炼的情形……东汉名医华佗在继承前人智慧的基础上，根据导引、吐纳学说和各种动物的活动特点，并结合人体脏腑、经络和气血的功能，编成了一套模仿虎、鹿、熊、猿、鸟五种动物形态进行锻炼的气功功法——五禽戏。

  西晋陈寿的《三国志·华佗传》和南北朝范晔的《后汉书·华佗传》都记载了华佗创编五禽戏的历史事实，但可惜都没有对动作细节进行文字描述。根据现有文献资料显示，南北朝名医陶弘景所著的《养性延命录》最早用文字描述了五禽戏的具体动作，此后，明代周履靖的《夷门广牍·赤凤髓》、清代曹无极的《万寿仙书·导引篇》和席锡蕃的《五禽舞功法图说》等著作中，都以图文并茂的形式，比较详细地描述了五禽戏的习练方法。

  五禽戏发展至今已形成不少流派，每个流派都有各不相同的风格和特点。总的来看，他们都是根据"五禽"动作，以活动筋骨、疏通气血、防病治病、健身延年为目的的"仿生式"导引法。其中，有些功法"重外"，偏重肢体运动，模仿"五禽"动作，意在健身强体；有些功法"重内"，仿效"五禽"神态，以内气运行为主，重视意念锻炼；有些功法以刚为主，通过拍打、按摩来治疗疾病，甚至被用于散手技击、自卫御敌等；有些功法以柔为主,优美矫健,以舞蹈形式出现。

为了发扬祖国优秀传统文化,国家体育总局健身气功管理中心组织全国专家编创了健身气功·五禽戏,以正本清源,服务社会。"健身气功·五禽戏"的动作编排按照《三国志·华佗传》的记载,顺序为虎、鹿、熊、猿、鸟;动作数量沿用了陶弘景《养性延命录》的描述,为10个动作,每戏2动,并在功法的开始和结束增加了起势调息和引气归元动作,体现了整套功法形、神、意、气的合一。

(二)健身气功·五禽戏的特点

"健身气功·五禽戏"作为一种防治结合的传统保健导引术,其锻炼要点是比较严格的。每一禽戏的神态运用要形象,不仅要点形似,更重视神似,要做到心静体松、刚柔相济、以形导气、气贯周身、呼吸柔和、引伸肢体。

"健身气功·五禽戏"的动作锻炼全面周到,可以弥补日常活动中某些部位不容易得到锻炼的缺憾,使之改善机体各部分功能,达到畅通经络、调和气血、活动筋骨、滑利关节的作用。

五禽戏的动作素材来源于传统,汲取了古代文献中的精华,并加以提炼、改进;动作设计做到了与形体美学、运动人体科学的有机结合,体现出时代特征和科学健身的理念。

整套功法符合中医基础理论和五禽的秉性特点,并配合中医脏腑、经络学说,既有整体的健身作用,又有每一戏的特定功效;动作仿效虎之威猛、鹿之安舒、熊之沉稳、猿之灵巧、鸟之轻捷,蕴含"五禽"神韵,形神兼备,意气相随,内外合一,符合习练者的运动规律。

(三)健身气功·五禽戏的锻炼要领

习练"健身气功·五禽戏",必须把握好"形、神、意、气"四个环节。

形，即练功时的姿势。开始练功时，头身正直，含胸垂肩，体态自然，使身体各部位放松、舒适。开始习练每戏时，要根据动作的名称含义，做出与之相适应的动作造型，动作到位，合乎规范。特别是对动作的起落、高低、轻重、缓急、虚实要分辨清楚，不僵不滞，柔和灵活。

神，即神态、神韵。所谓"戏"，有玩耍、游戏之意，这也是与其他健身气功功法不同之处。只有掌握"五禽"的神态，进入玩耍、游戏的意境，神韵方能显现出来，动作形象才可能逼真。虎戏要仿效虎的威猛气势，虎视眈眈；鹿戏要仿效鹿的轻捷舒展，自由奔放；熊戏要仿效熊的憨厚刚直，步履沉稳；猿戏要仿效猿的灵活敏捷，轻松活泼；鸟戏要仿效鹤的昂首挺立，轻盈潇洒。

意，即意念、意境，也就是人的思维活动和情绪变化，这些都能影响五脏六腑的功能。习练每戏时，要逐步进入"五禽"的意境，模仿不同动物的不同动作。练"虎戏"时，要意想自己是深山中的猛虎，伸展肢体，抓捕食物；练"鹿戏"时，要意想自己是原野上的梅花鹿，众鹿戏抵，伸足迈步；练"熊戏"时，要意想自己是山林中的黑熊，转腰运腹，自由慢行；练"猿戏"时，要意想自己是置于花果山中的灵猴，活泼灵巧，摘桃献果；练"鸟戏"时，要意想自己是江边仙鹤，伸筋拔骨，展翅飞翔。意随形动，气随意行，达到意、气、形合一，以此来疏通经络，调畅气血。

气，即指练功时对呼吸的锻炼，也称调息。对于初学者，应先学会动作，明确其含义，使姿势达到舒适准确。待身体放松、情绪安宁后，逐渐注意调整呼吸。习练"健身气功·五禽戏"时，呼吸和动作的配合有以下规律：起吸落呼，开吸合呼，先吸后呼，蓄吸发呼。其主要呼吸形式有自然呼吸、腹式呼吸、提肛呼吸等，可根据姿势变化或劲力要点而选用。

（四）健身气功·五禽戏的健身作用

增强生理机能

实验证明，通过习练健身气功·五禽戏，能够使人的反应速度、肌肉力量、躯体柔韧性、平衡协调能力等身体素质指标得到显著提高，肺活量、心率、血压等生理机能获得明显改善。

增进心理健康

健身气功·五禽戏练习能够改善中老年人心理健康，主要体现在情绪方面。对因衰老、疾病及生活压力引起的负性情绪有着良好的舒缓和调节作用，并能够有效地改善焦虑和抑郁等症状，使人产生年轻化的感觉。

改善血液生化指标

（1）自由基

在中老年生命阶段，随着年龄的增长，血清过氧化脂质含量随之增高，而血清超氧化物歧化酶（Superoxide dismutase，SOD）活性随之降低。因此对中老年人来讲，提高血清SOD活性、降低血清过氧化脂质含量水平，有助于延缓衰老的进程。习练健身气功·五禽戏既能抑制脂质过氧化，减轻组织或细胞的过氧化损伤，又能显著增加SOD活性和对氧自由基的清除作用，延缓衰老进程。

（2）免疫调节能力

练习健身气功·五禽戏时，要把不利于身体健康的情绪变化和思想杂念排除掉，进入演练五禽的意境，抵御各种外界因素对机体的不良刺激，调节中老年人的免疫平衡机制。所以，调心锻炼，增强了大脑对植物性神经及腺体的调控能力，改善了这些腺体的分泌功能，调整了激素的分泌，影响机体外周血T细胞亚群的分布。

（3）血脂代谢

长期的健身气功·五禽戏练习对改善中老年人血脂代谢有积极的作用。

（4）性激素

中老年人长期进行健身气功锻炼，可改善衰老对性激素水平的影响，有利于改善性能力，改善机体的新陈代谢，延缓衰老进程。

二、调息养气法

重点

手臂运动的角度、运行路线的把握。

难点

动作圆活自然,并配合呼吸。

预备势

动作讲解

1 两脚并拢,自然伸直,两手垂于体侧;胸腹放松,头项正直,下颏微收,舌抵上腭;眼平视前方。

1

起势调息

动作讲解

2-4 左脚向左平开一步,约与肩同宽,两膝微屈,松静站立;调息数次,意守丹田。

2

3

4

动作讲解

5-6 肘微屈，两臂在体前向上、向前平托，与胸同高。

7-8 两肘下垂外展，两掌向内翻转，并缓慢下按于腹前；眼平视前方。

重复5-8动2遍。然后两手自然垂于体侧。

5

6

7

8

侧前举调息

动作讲解

9 两脚开立与肩同宽，两手自然垂于体侧，目光平视，舌抵上腭，全身放松。

10 两臂向侧前方举起，掌心向上，与胸同高。

9

10

动作讲解

11-12 两肘下垂外展，两掌向内翻转，并缓慢下按于腹前；眼平视前方。重复10-12动2遍。然后两手自然垂于体侧。

11

12

引气归元

动作讲解

13 两脚开立与肩同宽,两手自然垂于体侧,目光平视,舌抵上腭,全身放松。

14-15 两臂侧平举,自然伸直,掌心向上,并缓缓向上抬起,至头顶上方时掌心斜相对。

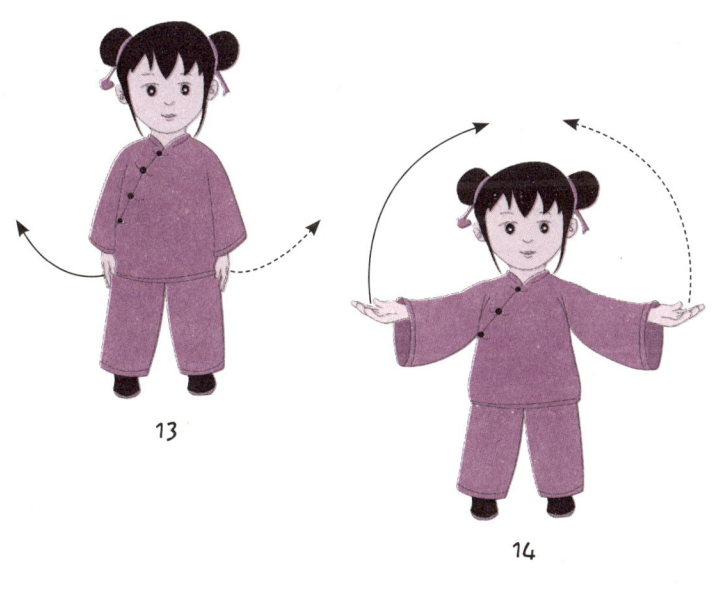

13

14

15

动作讲解

16–17 两臂屈肘，转掌心向下，经体前下按至腹前；眼平视前方。

重复14–17动2遍，然后两手自然垂于体侧。

18 两臂向身体侧后方摆起，掌心向后，手臂自然伸直。

16

17

18

动作讲解

19-20 转掌心向前,与脐同高,向腹前划平弧合拢。

19

20

收势

动作讲解

21 两手在腹前合拢,虎口交叉,叠掌(男性左手在里,女性右手在里);眼微闭静养,调匀呼吸,意守丹田。

22 数分钟后,两眼慢慢睁开,两手合掌,在胸前搓擦至热。

21

22

动作讲解

23-25 掌贴面部上、下环转擦摩,浴面3~5遍。

23

24

25

动作讲解

26-29 两掌向后沿头顶、耳后、胸前下落,自然垂于体侧;眼平视前方。

26

27

28

29

动作讲解

30 左脚提起向右脚并拢，前脚掌先着地，随之全脚踏实，恢复成预备式；目视前方。

30

完整动作练习顺序
预备势→起势调息（3遍）→侧前举调息（3遍）→引气归元（3遍）→收势

要点

两臂上提下按，意在两掌劳宫穴，动作柔和、均匀、连贯。

提示

动作过程要和呼吸协调配合，一般说来，应遵循"起吸落呼、开吸合呼"的规律。

作用

排除杂念，诱导入静，宁心安神，调和气息，吐故纳新，升清降浊。

三、基本功练习

基本手型

虎爪：五指张开，虎口撑圆，第一、二指关节弯曲内扣，掌心外凸。
鹿角：拇指伸直外张，食指、小拇指伸直，中指、无名指弯曲内扣。
熊掌：大拇指压在食指指端上，其余四指并拢弯曲，虎口撑圆。
猿勾：五指指腹捏拢，屈腕。

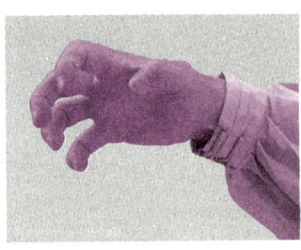

虎爪

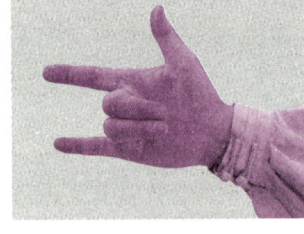

鹿角

熊掌

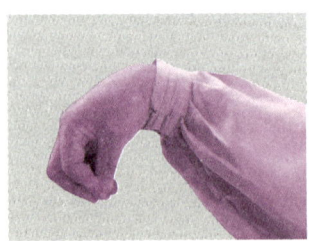

猿勾

握固：五指屈曲握拢，大拇指抵掐无名指根节内侧，其余四指屈拢收于手心。
鸟翅：五指伸直，拇指、食指、小拇指向上翘起，无名指、中指并拢向下。

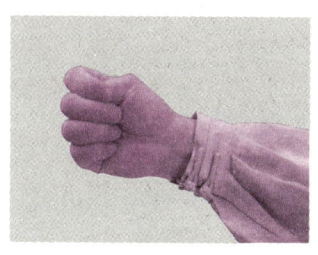
握固

鸟翅

基本步型

弓步：两腿前后分开一大步，横向之间保持一定宽度。前腿屈膝前弓，大腿斜向地面，膝与脚尖上下相对，脚尖微内扣；后腿自然伸直，脚跟蹬地，脚尖稍内扣，全脚掌着地。

虚步：一脚向前迈出，脚跟着地，脚尖上翘，膝微屈；后腿屈膝下蹲，全脚掌着地，脚尖斜向前方，臀部与脚跟上下相对。身体重心落于后腿。

弓步

虚步

丁步：两脚左右分开，间距10～20厘米；两腿屈膝下蹲，一腿脚跟提起，脚尖着地，虚点地面，置于另一脚脚弓处；另一脚全脚掌着地踏实。

后点步：两脚前后分开；前脚全脚掌着地，脚尖向前，前腿伸直；后脚脚尖点地，后腿自然伸直。

后坐步：两脚前后分开；后腿下坐，后脚外撇；前腿自然伸直；两脚都是全脚掌着地，身体重心落于后腿。

小开步：两脚左右分开，约与肩同宽，屈膝下坐，身体重心落于中间。

丁步

后点步

后坐步

小开步

平衡

提膝平衡：一腿直立站稳，上体正直；另一腿在体前屈膝上提，小腿自然下垂，脚尖向下。

后举腿平衡：一腿蹬直站稳；另一腿伸直向体后举起，脚面绷平，脚尖向下；抬头，挺胸，塌腰。

提膝平衡

后举腿平衡

小知识

膻中穴、劳宫穴、命门穴

膻中穴：在体前正中线，两乳头连线之中点。

劳宫穴：握拳，中指所指手掌位置（第二、三掌骨之间）。

命门穴：在第二腰椎与第三腰椎棘突之间。

学习内容

复习

- 内容：调息养气法，基本功。
- 任务：提高动作的准确性、协调性以及配合呼吸的能力。
- 练习量：调息养气法，2~3组，每组约3分钟；基本功1组，约3分钟。
- 要点：心静体松，自然协调。手型步型规范，平衡动作稳定到位。

学习

- 虎戏。

第一式 虎举

重点

动作路线准确。

难点

手型转换松紧交替。

动作讲解

1 两掌前摆于体前,五指充分伸直展开,再手指第一、二关节弯曲,掌心外凸,成虎爪。随后手臂外旋,小指先弯曲,其余四指依次弯曲握紧拳。

1

动作讲解

2-4 握拳由下向上,至胸前时,松开变掌,举至头顶,掌指充分展开上撑。

2

3

4

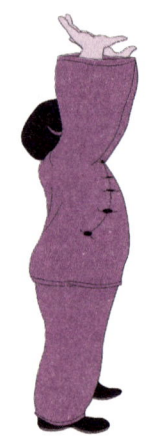

4附图

动作讲解

5-8 再握拳下落，至胸前时，松开变掌，按至腹前，掌指充分展开下按。

眼神跟随双手，上下注视，牵动头部向上抬起和向前低落。

5

6

7

8

要点

握拳要紧,松开要慢;两手在体前上下运行路线基本上保持在同一垂直线上;双手上举至头顶时,胸腹充分向上展开,下按至腹前时,含胸松腹。

提示

各人根据自身呼吸的长短程度和完成动作速度的快慢,采用一口气或两口气两种呼吸方法。即双手上举过程配合吸气,下落过程配合呼气;或双手握拳由下向上至胸前配合吸气,拳变掌时配合呼气,双手举至头顶上方时配合吸气,下按至腹前时配合呼气。

作用

调理三焦气机,改善呼吸和消化系统功能。

组织练习

图1-图8为完整一遍,每6遍为1组,练习3组,仔细体会动作之间的松紧变化。

第二式　虎扑

重点

躯干的伸展、折叠、收放，带动上下肢运行。

难点

长引腰动作和脊柱的蠕动。

动作讲解

9-12 接上式。双手握空拳上提，上体微后仰，随即双手空拳继续向前、向下划立圆，身体慢慢前倾，当两臂充分向前伸出到尽点时，展开空拳，变成虎爪；上体与地面平行，手、肩、臀要在一直线上，抬头，塌腰，瞪眼怒视前方；双手尽量前伸，臀部后引，使整个身体充分伸展，形成"长引腰"的动作，稍停片刻。

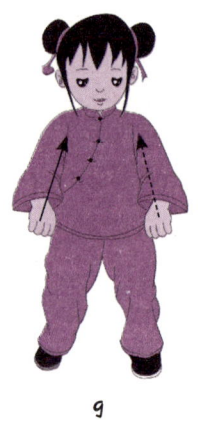

9

10

10 附图

健身气功·五禽戏七日练

11

12

12 附图

动作讲解

13 两腿屈膝下蹲成马步，收腹含胸；同时，两虎爪慢慢下按于两膝外侧，掌心朝下；眼看前下方。

13

13 附图

动作讲解

14–15 伸膝、送髋、挺腹、后仰，同时虎爪变空拳上提，使脊柱形成由折叠到展开的蠕动，身体成反弓；眼看斜上方。

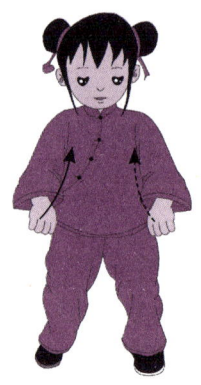

14

15　　　　　　　　　　　15附图

动作讲解

16–17 两空拳继续上提至头前上方,身体重心移向右腿,左腿屈膝提起。

16

17

动作讲解

18 两手向前、向下划立圆,右腿屈膝,左腿前伸,左脚跟轻轻着地,成虚步;两空拳变虎爪下按,掌心朝下;眼看前下方。

19 然后左脚收回,两手变掌垂于体侧,成开立姿势。

18

18附图

19

动作讲解

20-29 为右侧动作,右侧动作同左侧动作,惟左右脚动作相反,完成后成开立姿势。

20

21

22

23

24

25

26

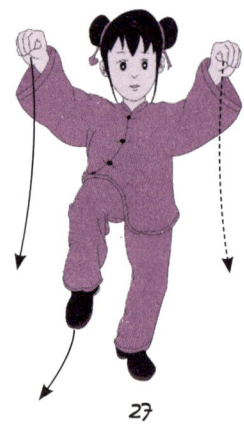

27

28

29

健身气功·五禽戏七日练

要点

两手两次划立圆,运行要连贯圆活;呼吸和动作配合,遵循提吸落呼的方式,整个动作为两次呼吸。每划1次立圆,配合1次呼吸。

提示

● 第一次划立圆时,双手前伸,臀部后引,意念注于腰部(图12)。
● 随后双手下按、上提、再前伸,实际上是由脊柱折叠和展开的变化所带动的,此时双手下按,意念拱背、收腹,牵拉督脉;双手上提,伸背挺腹,伸展任脉(图13-图18)。

作用

牵动任脉和督脉,调理阴阳,疏通经络,活跃气血。

组织练习

图9-图19为左侧动作,图20-图29为右侧动作;一左一右为1遍,3遍为1组,练习3组。图30-图34为动作完成后的侧前起调息动作。

30

31

健身气功·五禽戏七日练

32

33

34

练习时，共做3组，每组结束时接侧前起调息动作。

小知识

长引腰

梁代陶弘景在《养性延命录》中记载了华佗所传的五禽戏,其中描述"虎戏者,四肢距地,前三掷,却二掷,长引腰,乍脚,仰天,即返距行,前却各七过也"。长引腰就是引长腰肢的意思。作用是为了增强腰部肌肉力量,增加脊柱和腰椎各关节的柔韧性和伸展度,使脊柱保持和恢复正常生理弧度。

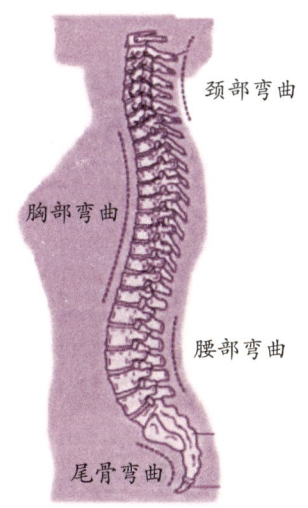

生理弯曲图

学习内容

复习

- 内容：调息养气法，虎戏。
- 任务：提高动作规格。
- 练习量：2~3组，每组约4分钟。
- 要点：松紧交替，协调自然。

学习

- 鹿戏。

第三式　鹿抵

重点

鹿抵之平圆、立圆及左右动作的转换。

难点

身体的拧转与侧屈。

动作讲解

1–2 接上式。两手握空拳向身体右侧立圆摆起，两膝微屈，重心移至右腿；两臂摆至与肩同高，拳心向下，左腿向左前方划弧迈出；眼向右方平视。

1

2

动作讲解

3-4 随着身体重心的前移，左腿脚尖外撇踏实，左膝弯曲前顶，右膝伸直，脚跟蹬地；同时，空拳逐渐松开变鹿角，两臂随之向左后方，划平圆摆出，左肘抵左腰侧，手指朝左，右臂微屈向右后方摆出，横于头前，右腕背伸，手指朝后，两前臂在身体右侧保持上下平行，身体拧转、侧屈；眼看右脚跟。

3

4

4附图

动作讲解

5–7 两臂直臂向上、向右划弧回摆，以腰带臂；左脚按原路线轻轻收回还原，两手与肩同高时，鹿角变握空拳，继续划弧下落还原。

5

6

7

动作讲解

8-13 换做右侧。右侧动作与左侧动作相同,惟左右相反。

8

9

10

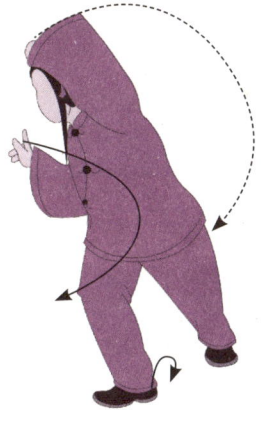

11

12

13

第三天

43

要点

双手运行是划弧线的,可以分为三个步骤:即摆起与肩高时,划立圆;转腰下视时,划平圆;还原时,划立圆返回。

提示

呼吸和动作配合,可以按照蓄吸发呼、提吸落呼的方式进行,一次鹿抵可以配合两次呼吸。以腰为轴,通过身体的转动、屈伸带动上下肢运行,是动作质量完成好坏的关键。

作用

通过腰部侧屈拧转、运转尾闾,调动带脉经气,达到防治腰部虚冷、疼痛、遗尿、腹泻等症,起到强腰补肾的功效。

组织练习

图1-图7为左侧动作,图8-图13为右侧动作,一左一右为1遍,3遍为1组,练习3组。

第四式　鹿奔

重点

含胸、拱背形成横弓、竖弓的动作。

难点

上下肢同起同落的协调配合和换跳步的重心变化。

动作讲解

14-15 接上式。两手握空拳上提，向前划半个立圆，左脚提起，再伸膝前迈，模仿鹿向前奔跑的动作。

14

15

动作讲解

16 左脚落地,落步要小,成弓步,两脚之间与肩同宽;两手握空拳,两臂平举,扣腕(即握空拳快速向下屈腕);眼向前平视。

16

16 附图

动作讲解

17-18 重心后坐，两拳变"鹿角"内旋前伸，掌背相对，手指向前；上体收腹含胸，肩背部形成一张水平"横弓"；同时，低头前伸，胸内含、背后拱，腹收缩，臀内敛前送，脊柱形成一张垂直"竖弓"；眼视前下方。然后重心前移成弓步，鹿角变空拳（不屈腕）；眼视正前方。

17

17 附图

18

动作讲解

19-21 左脚收回,脚尖点地,再右脚跟上提,重心移至左脚;同时两手握拳下落至体侧;眼向前平视。

19

20

21

动作讲解

22–28 右侧动作同左侧动作,惟左右相反。最后两臂自然垂于体侧。

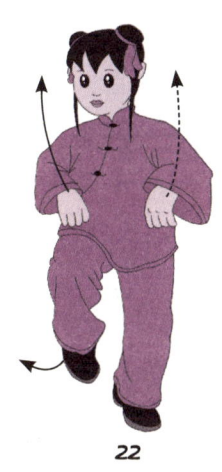

22

23

24

25

26

27　　　　28

要点

两臂向前划立圆时,在腰腹的带动下,要松柔连贯;下肢步型变换的关键是身体重心的移动要平稳,落步要轻,收回要稳,以利于下面动作的衔接。

提示

一次鹿奔可配合两次呼吸:两手上提,举腿前迈时,配合吸气;两手向前划弧平举,脚落地成弓步时,配合呼气;重心后坐,手臂内旋,含胸收腹时,配合吸气;重心前移,两手下落还原时,配合呼气。

作用

通过重心后坐,整条脊柱后弯,内夹尾闾,后凸命门,疏通督脉,从而振奋全身阳气,促使经络气血输送,滋润全身。两臂内旋前伸,肩、背部肌肉得到牵拉,对颈肩综合症有防治作用。

组织练习

图14-图21为左侧动作,图22-图28为右侧动作,一左一右为1遍,3遍为1组,练习3组。图29-图33为动作完成后的侧前起调息动作。

29　　　　　　　　　　30　　　　　　　　　　31

32　　　　　　　　　　33

小知识

督脉：起于胞中，行于背部正中，贯通脊柱，通脑，为全身阳脉之海，有总督一身阳气之功能。

任脉：起于胞中，行于胸腹部正中，为全身阴脉之海，有调节管理全身阴经之功能。

带脉：行于人体腰际一周，是一条横向的经脉，有管理调节身体躯干部纵行诸经络之功能。

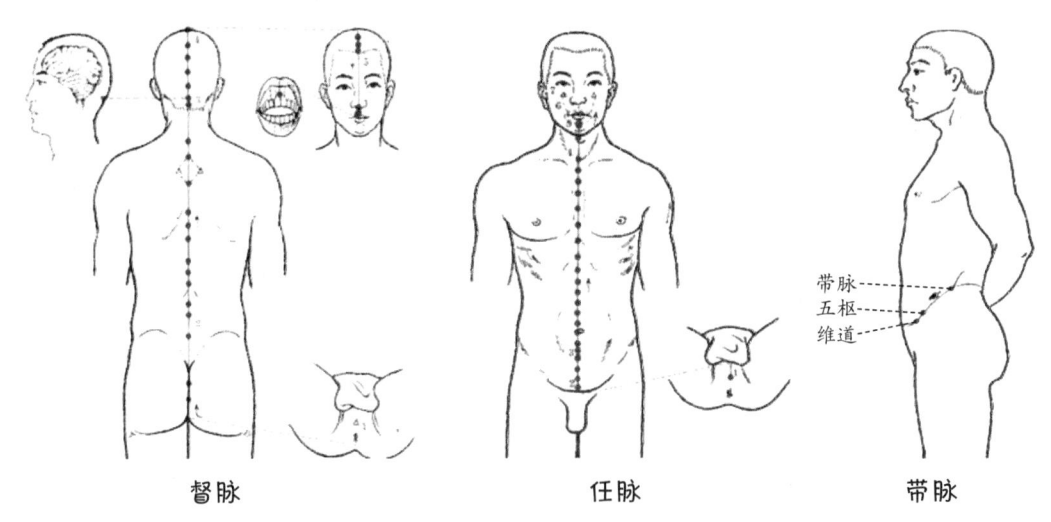

督脉　　　　　　任脉　　　　　　带脉

学习内容

复习

- 内容：调息养气法，虎戏，鹿戏。
- 任务：提高动作的规格和质量，处理好左右动作的衔接。
- 练习量：2~3组，每组约6分钟。
- 要点：重点强化鹿戏的"身体躯干两张弓"和换跳步动作。

学习

- 熊戏。

第五式 熊运

重点

身体和两臂摇转要协调自然。

难点

以腰腹摇转带动两臂,以内气运行带动肢体摇转。

动作讲解

1-6 接上式。两手成"熊掌",虎口相对,放在肚脐两侧,虚附于腹前,随着腰腹立圆顺时针摇转,带动两掌围绕肚脐做顺时针划圆运动;两膝微屈,腰胯以下部位相对固定。

1

2

3

第四天

4

5

6

健身气功·五禽戏七日练

动作讲解

7-10 然后做逆时针摇转，动作同上，惟方向相反。

7

8

9

10

动作讲解

11 做完最后一动,两拳变掌下落,自然垂于体侧;眼视前方。

11

要点

身体摇转带动两臂运行是否顺畅协调，是动作完成质量好坏的关键。身体摇转时，相对固定腰、胯位置，意念上体在做立圆摇转：向上摇转时，提胸收腹，充分伸展腰、腹；向下摇转时，含胸收腹，挤压脾、胃、肝等中焦区域的内脏器官。

提示

呼吸和动作配合，可以按照蓄吸发呼、提吸落呼的方式进行，摇转一圈配合一次呼吸。身体由下向上时，舒展胸廓，吸入清气；身体从上向下时，含胸实腹，呼出浊气；呼吸要和身体的运动协调一致，自然绵长，均匀连贯。

作用

可以使人"骨正筋柔，气血以流"，尤其在和脾胃、助消化方面效果甚佳。

组织练习

图1-图6为顺时针摇转动作，图7-图11为逆时针摇转动作，一顺一逆为1遍，3遍为一组，练习3组。

第六式 熊晃

重点

上下肢动作与身体的协调配合。

难点

提髋、落步、震动。

动作讲解

12-13 接上式。两手自然下垂，两掌握空拳成"熊掌"；重心右移，提拉左髋，随即松髋，左腿提膝前迈。

14 左腿屈膝，放松自然下落，全脚掌着地，并顺势前弓，后腿伸直，左臂随着身体的前进自然向前摆动至身体的前方，右臂摆至身体后方。

12

13

14

第四天

动作讲解

15-16 然后重心后坐,右腿屈膝,左腿伸直;右肩下沉,手臂内旋前摆,同时左臂摆至体后;眼视左后方。

15

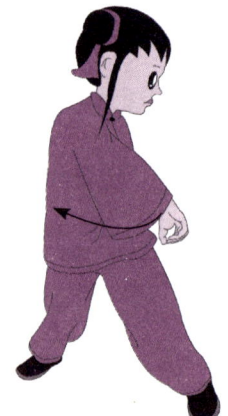

16

动作讲解

17–18 重心前移,右腿伸直,左腿屈膝前顶;左肩下沉前靠,拳心朝左,右臂摆至体后;眼视左前方。

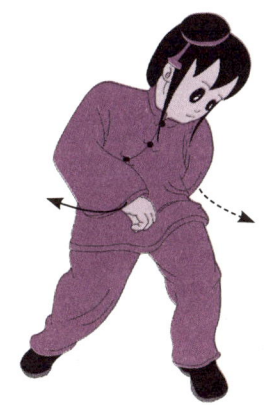

17

18

动作讲解

19–25 以上为右侧动作,与左侧动作相同,惟左右相反。

19

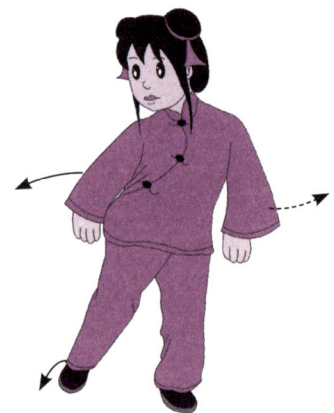

20

21

22

23

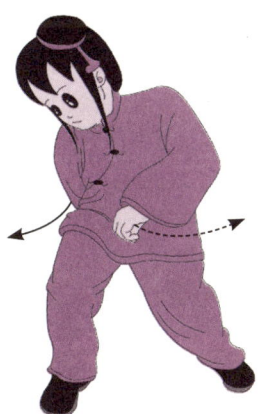

24

25

动作讲解

左脚上步,开步站立;同时两手自然垂于体侧;眼平视前方(图26)。

26

要点

以腰带动两臂前后摆动,摆臂方向与步型一致,要顺滑协调;下肢步型变换要与身体重心移动同步,上步时两脚左右相距稍宽于肩,腿的弯曲和伸直要缓慢、有力;提髋上步,意在锻炼腰侧肌群;落地有声,放松肢体。

提示

熊晃动作可以配合两次呼吸,遵循提吸落呼的方式。
提髋时,配合吸气,落步时,配合呼气,后坐时,含胸吸气,前靠时,舒胸呼气。

作用

随着腰腹的左右侧屈转动,带动两臂的前后摆动,自然协调,起到按摩内脏、运化脾胃的作用;提髋落步震动,可锻炼腰胯肌肉,预防跌倒。

组织练习

图12-图18为左侧动作,图19-图25为右侧动作,一左一右为1遍,3遍为一组,共做3组。图27-图30为动作完成后的侧起调息动作。

27

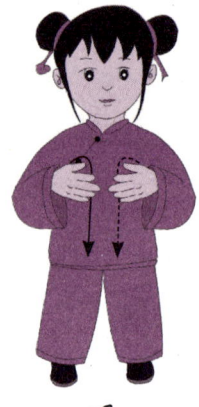

28

健身气功·五禽戏七日练

29

30

小知识

入静

　　入静就是在神志清醒的情况下，排除杂念，集中精力，高度安静，轻松舒适的一种练功状态。幽静的环境、柔和的光线、适宜的温度和新鲜的空气、心情舒畅、情绪乐观、正确的方法和技术，以及坚定的信念等，均可有利于练功入静。

学习内容

复习

- 内容：虎戏，鹿戏，熊戏。
- 任务：提高动作的规格质量，处理好意气形的配合。
- 练习量：2~3组，每组约8分钟。
- 要点：重点巩固熊晃的细节把握。

学习

- 猿戏。

第七式 猿提

重点

握勾、缩项、耸肩、团胸与提踵、提肛的协调配合。

难点

提踵时的平衡控制。

动作讲解

1–2 接上式。含胸收腹，两手在腹前，手指伸直分开，低头，眼看两手，然后快速外旋屈腕撮拢捏紧成"猿勾"。

1

2

动作讲解

3-4 两手上提至胸,两肩上耸内扣,两肘下垂,虎口相对,收腹提肛;同时脚跟提起,然后头向左侧转动,眼视左后方,稍停。

3

3附图

4

4附图

动作讲解

5-7 头转正,两肩放松下沉,松腹落肛,脚跟着地,勾手变掌,两掌向下,沿体前缓缓下按至腹前落于体侧。

5

6

7

动作讲解

8–14 为右侧动作，与左侧动作相同，惟左右相反。

8

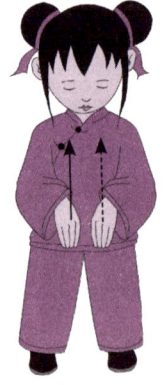

9

10

11

12

13

14

要点

掌指撮拢变勾，速度要快，其他动作速度要均匀；耸肩、缩胸、屈肘、提腕要充分；头往上顶，牵动整个身体垂直向上，起到稳定重心的作用。

提示

猿提动作遵循"提吸落呼"的呼吸方式。两手上提时吸气，收腹提肛，全身团紧；下落时呼气，松腹落肛，舒展胸廓。

作用

通过锻炼能有效地增强腿部力量，提高平衡能力；团胸收腹和舒胸松腹，改善循环系统机能；并对肩颈疾病有较好的防治作用。

组织练习

图1–图7为左侧动作，图8–图14为右侧动作，一左一右为1遍，3遍为1组，练习3组。

第八式 猿摘

重点

动作的方位、路线准确。

难点

动作惟妙惟肖的同时达到神似。

动作讲解

15 接上式。右腿屈膝，左脚向左后方撤步；左手成勾手放于腰间，勾尖朝下，右手前伸，掌心向下；眼看右手。意为猿猴伸展肢体，预备活动。

15

动作讲解

16-18 重心后移至左腿,右脚脚尖翘起成虚步,身体转向左前方;同时右手掌心向下、向后,在体前划弧后摆;接着右脚轻轻抬起落于左脚内侧,成右丁步;右掌上摆至头侧,与太阳穴同高,掌心向内;眼睛先随视右手,定势时快速转头注视右前上方。意为猿猴摆臂收脚,配合身体左顾右盼。

16

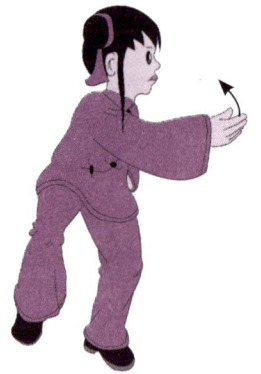
17

18

动作讲解

19 右掌内旋下按,掌心向下,眼看右手。意为猿猴下蹲准备跃起。

20-21 接着右脚向右前方伸出,先脚跟着地,再过渡到全脚掌着地,重心移到右腿,右腿伸直,左腿由屈膝变为伸直,脚尖点地;同时,右臂在体前划弧,右摆至身体右侧掌变勾手,高与耳平;左臂伸开,勾手变掌,从后侧向上、向前、向右伸展,扣腕、捏拢成勾手,稍高于头,成采摘式;眼看左勾手。意为猿猴荡过树枝,伸展肢体,摘握鲜桃。

19

20

21

动作讲解

22 然后身体重心后坐，左腿屈膝，左脚踏实，右脚脚尖翘起成虚步；左手变为握固，屈肘回收；右手向下、向左摆动，边摆边由勾手变掌。意为摘下鲜桃，握紧回收。

23 右脚抬起回收，放于左脚内侧，脚尖点地，成右丁步；左臂屈肘置于身体左侧，掌心向上；右手掌心向上，虚托于左肘之下；眼注视左手。意为左掌托鲜桃，右手辅之。

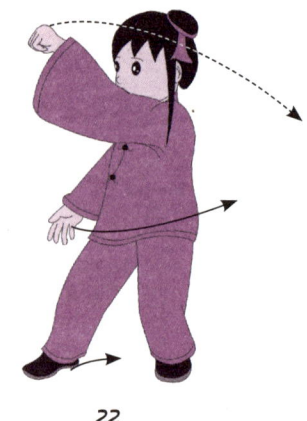

22

23

动作讲解

24–32 为右侧动作,与左侧动作相同,惟左右相反。

24

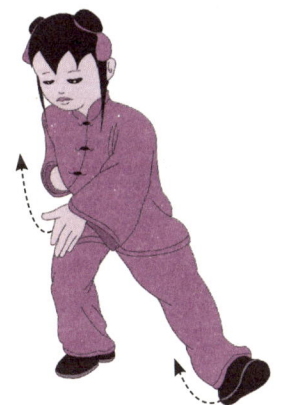

25

26

27

28

29

30

31

32

健身气功·五禽戏七日练

要点

头部动作主要体现在眼神的变化上,是猿提动作精神的表现,而身体的朝向,则决定着动作的运动方向,主要在正向和左右45°的侧向之间进行变化。

提示

猿提动作的呼吸方法以自然为主,也可以配合呼吸,遵循蓄吸发呼、提吸落呼的方式。退步身体舒展打开时,配合吸气,按掌转头向下时,配合呼气;收步摆掌向上时,配合吸气,下蹲按掌时,配合呼气;上步肢体伸展时,配合吸气,屈腕握勾摘果时,配合呼气;握固收回时,配合吸气,收步托掌时,配合呼气。

作用

"猿摘"动作的手型变化多样性有助于神经系统和肢体运动的协调性;模仿猿摘桃赏果时的愉悦心情,有利于放松大脑神经系统的紧张性。

组织练习

图15-图23为左侧动作,图24-图32为右侧动作,一左一右为1遍,3遍为1组,共做3组。图33-图37为动作完成后的侧起调息动作。

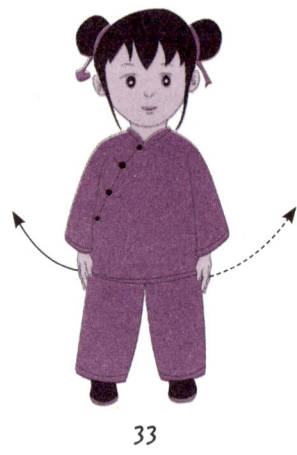
33

34

健身气功·五禽戏七日练

35

36

37

小知识

腹式呼吸

  腹式呼吸分为顺腹式呼吸和逆腹式呼吸两种。顺腹式呼吸即吸气时轻轻扩张腹肌（腹部鼓起），在感觉舒服的前提下，尽量吸得越深越好，呼气时腹肌放松（腹部收缩）。逆腹式呼吸与顺呼吸相反，即吸气时轻轻收缩腹肌（腹部收缩），呼气时腹肌放松（腹部鼓起）。呼吸在这种方式下会变得匀、细、深、长，有利于气沉丹田、增加肺活量。五禽戏练习运用的呼吸方式，多见逆腹式呼吸。

复习

- 内容：虎戏，鹿戏，熊戏，猿戏。
- 任务：体会前三戏的动作意境，提高猿戏的动作规格。
- 练习量：2~3组，每组约10分钟。
- 要点：松紧有度，在形似的基础上追求神似。

学习

- 鸟戏。

第九式　鸟伸

重点

肢体的升降开合及其虚实变化。

难点

充分伸展肢体时平衡的稳定性。

动作讲解

1 接上式。两掌五指并拢相叠于腹前；身正体松，含胸收腹，两腿微屈；眼看两手。

1

动作讲解

2 两臂上抬,两掌举至头顶前上方,寒肩缩项(两肩胛骨上部内收,项部后缩收紧);两腿伸直,挺胸、塌腰、撅臀。

3 两肩放松,两掌下落至腹前,手型不变;两腿屈膝,身正体松;眼看两手。

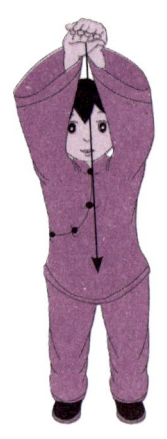

2

2 附图

3

3 附图

动作讲解

4-5 然后两手左右分开,掌变鸟翅,向体侧后方摆起,手腕上翘,掌心向上;右腿蹬直,左腿向后抬起伸直,脚面绷直;挺胸塌腰,身体成反弓状;眼向前看。

4

5

5 附图

动作讲解

6 稍停,两手下落至腹前,两掌相叠、五指并拢状;左脚下落成小开步,两脚间距与肩同宽,呈屈膝状;含胸收腹,身正体松;眼看两手。

6

动作讲解

7–10 右侧动作与左侧动作相同,惟左右相反。

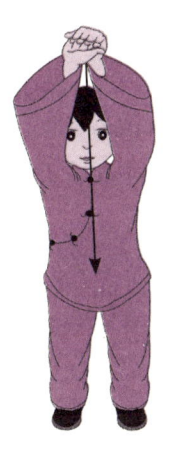

7

8

9

10

动作讲解

11 右脚下落,两脚开步站立,两手自然垂于体侧;眼视前方。

11

要点

练习时要着重体会躯干的松紧变化，掌上举时，颈、肩、臀部紧缩；下落时，两腿微屈，颈、肩、臀部松沉。

提示

鸟伸动作遵循"提吸落呼"的呼吸方式，两臂上提时吸气，放松回落时呼气。

作用

两臂上举时，扩大胸腔；下落时，气沉丹田，呼出浊气。单腿后伸，可以提高动作的稳定性，增强人体的平衡能力。

组织练习

图1–图5为左侧动作，图6–图10为右侧动作，一左一右为一遍，三遍为1组，共做3组。

第十式 鸟飞

重点

两脚虚实转换及动作的协调性。

难点

独立动作的平衡稳定性。

动作讲解

12 两腿微屈下蹲，两掌腹前相合，手心斜相对，如抱球状；眼看两掌。

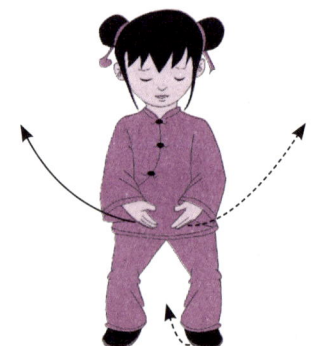

12

动作讲解

13 两臂向两侧抬起,两掌变"鸟翅",高与耳平,沉肩、坠肘、屈腕;左腿屈膝提起,脚尖自然下垂,右腿伸直独立;眼向前看。

14 鸟翅变掌,舒指松腕,下落直至腹前;右腿屈膝下蹲,左脚下落,脚尖点地于右脚旁;眼看两掌。

13

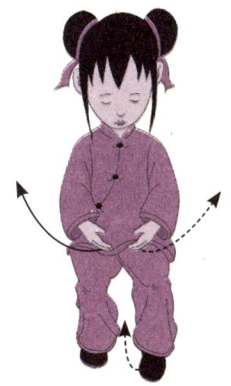

14

动作讲解

15–16 两臂向两侧抬起,两掌举至头顶上方变"鸟翅",手背相向,手腕部靠近,两手形状如喇叭口;同时左腿屈膝上提,脚尖自然下垂,右腿伸直独立;眼向前看。

15

16

动作讲解

17–18 "鸟翅"变掌,从两侧放松下落于腹前;左脚下落至右脚侧踏实,与肩同宽,两腿微屈;眼看两掌。

13–18 为左侧动作,右侧动作同左侧动作,惟左右相反。

要点

两臂上举时，力从肩发，先沉肩，再松肘，最后提腕，形成手臂举起的蠕动过程；下落时，先松肩，再沉肘，最后合掌于腹前。

提示

鸟飞动作遵循"提吸落呼、开吸合呼"的呼吸方式，两臂上提、两手分开时吸气，放松回落时呼气。

作用

疏通手太阴肺经，调畅经络气机，增强身体协调性，增强腿部力量，提高平衡能力。

组织练习

图13-图18为左侧动作，图19-图24为右侧动作，一左一右为1遍，3遍为1组，共做3组。图25-图29为动作完成后的侧前起调息动作。图30-图46为收势动作。

19

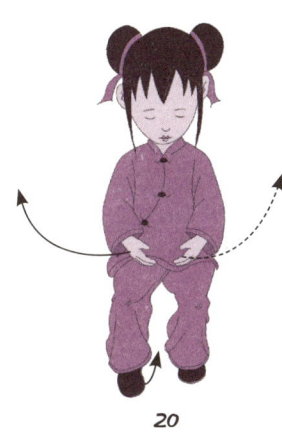

20

21

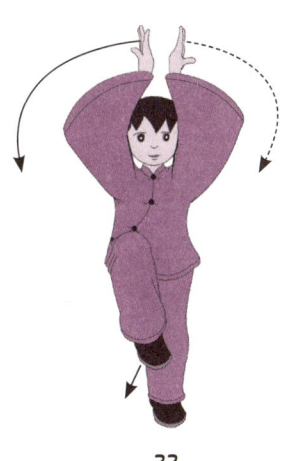

22

23

24

第六天

健身气功·五禽戏七日练

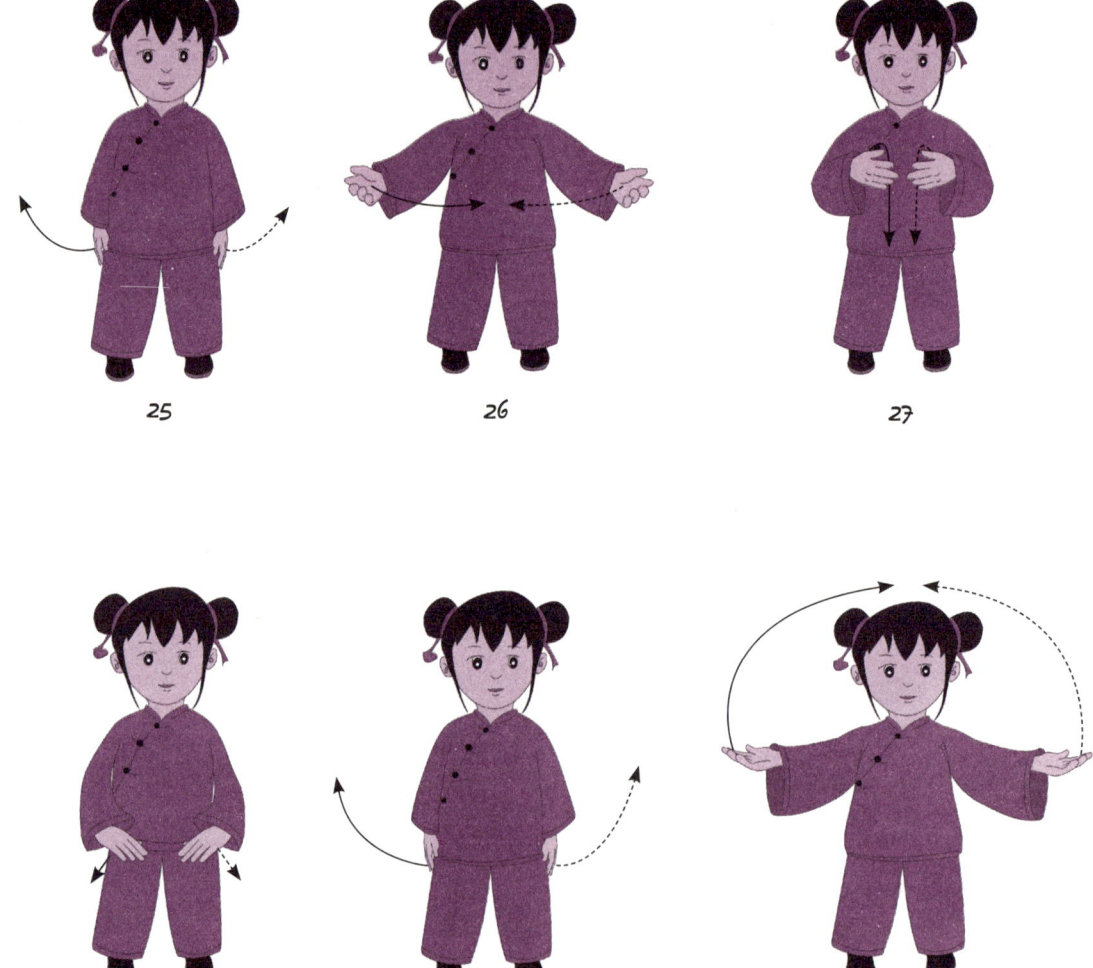

25　　26　　27

28　　29　　30

100

31

32

33

34

35

36

第六天

健身气功·五禽戏七日练

37

38

39

40

41

42

43

44

45

46

第六天

小知识

搭鹊桥

　　搭鹊桥是健身气功的术语，分为上、下"鹊桥"。搭上鹊桥，即舌抵上腭；搭下鹊桥，即提肛。搭鹊桥有利于任督二脉经气的通畅，同时，舌抵上腭，唾液增多，有利于消化系统的功能；提肛则有利于泌尿系统的功能。

第七天 学习内容

复习

- 内容：调息养气法，健身气功·五禽戏全套动作。
- 任务：全面提高动作质量、演练水平以及呼吸、意念的运用能力。
- 练习量：3~5组，每组约15分钟。
- 要点：安舒自然，松紧有度，呼吸合法，形神兼备。

学习

- 健身气功·五禽戏的看书学习方法和锻炼原则。

一、如何看书学练健身气功·五禽戏

健身气功·五禽戏教材和教学光盘发行以来，深受群众欢迎，对传播五禽戏起到了很好的辅助作用，取得了较明显的社会效益。但是有些群众反映，在自学过程中看书或者看录像纠正动作时，往往抓不住书和光盘上教学内容的重点，不清楚应该以什么样的方法去学习。根据多年的授课经验和练习体会，我们认为有以下几点值得注意。

第一，学什么。看书和光盘为的是学动作，不仅是单个的、静止的动作，还包括动作的方向、路线和动作与动作之间的衔接。比如"鹿抵"这个动作，在学习时要注意身体的朝向会发生变化，要注意上步时腿脚的运行路线，还要注意左右式动作之间的过渡和连接。因此在学习的时候要把这个动作分解开，采用反复看的形式，第一遍可以单看身体的变化，第二遍看下肢动作，第三遍看上肢动作，最后再组合起来看，以求融会贯通。

第二，怎么学。书和光盘上有镜面示范、背面示范，甚至还有侧面示范，对不同的示范方式应该采用相应的学习方法。镜面示范主要是为了观察模仿，背面示范时可以跟做、熟悉动作，侧面示范多用来纠正自身练习时不注意的细节错误。镜面示范的方向和正常方向是相反的，在学习的时候可以采用和镜面示范同样的方向，待熟悉动作以后，再左右对调。最好两个人一起学习，一人可以帮助另一人提示、暗示、检查错误等。如"虎扑"动作，正常顺序是先左后右，镜面示范是相反的，初学者可以跟随书或光盘先右后左学习。从正面看，要注意虎扑时胸、手、脚的方向；从侧面看，要注意躯干和地面的角度。如"猿摘"动作变化较多，在学习时可以请一人在旁语言提示，并帮助练习者检查正误。

第三，如何精。五禽戏易学难精，所以看书、看光盘不只适用于初学阶段，动作熟练以后也要多看多揣摩。初学时看动作变化，熟练后看整体协调、内劲运化和呼吸配合，特别要注意五禽神韵的体现和对不同部位的锻炼作用。古人说开卷有益，我们也应该做到每看一遍就有一次新的收获。书和光盘承载的信息量毕竟还是有限的，若要精益求精，还要多研读相关的书籍、文章，以明其理，以笃其行。

对于五禽戏的动作规格要点,很难因人而异,五禽戏锻炼要点松、静、自然,统一的规格,可能对有些人会有难度,造成身体的紧张。所以,这里尽管讲这个动作应该怎么做,但是不能机械地去理解。在自学的时候,要把握好动作的量和度,区别对待,才能取得科学的健身效果。

虎戏要体现虎的神韵,眼神上要虎视眈眈,肝开窍于目,具有肝气的疏泄功能,通过掌指小关节、脊柱关节运动和下肢力量锻炼,达到肝主筋的作用;"腰为肾之府",鹿戏多腰部、尾闾动作,且含胸、收腹、敛臀,疏通督脉,振奋阳气,具有强腰补肾的功能;熊戏调理脾胃,外导内引,运转丹田,加强腰腹挤压,按摩内脏,增强消化吸收功能;中医认为,心脏有主神、藏血功能,猿戏通过躯干的团缩和舒展,改善循环系统功能,上下肢的协调配合,提高神经系统和肌肉的协调能力;鸟戏通过动作的升降开合变化,起到宣肺理气的功效。

按照这几年的教学经验,可以把健身气功·五禽戏功法分成两个部分进行学习。先学调息养气法,再学五禽动作,最后串起来进行全套功法练习。

二、健身气功·五禽戏的锻炼原则

第一,始终要把道德修养放在首要位置

孔子认为"仁者寿""大德必得其寿",强调道德修养对于养生保健的重要作用;庄子提出了"德全者神全""德全而神不朽"的主张,认为道德高尚有利于形体和精神的健康发展。我国众多的养生著作中无不开章明义地阐明:道德修养是养生保健之本。

《素问·上古天真论》中说:"是以嗜欲不能劳其目,淫邪不能惑其心,愚智贤不肖,不惧于物,故合与道。所以能年皆度百岁,而动作不衰者,以其德全不危也。"意思是说,一个道德品质高尚的人,淡泊清静,不贪求妄想,不患得患失,所以能健康长寿。

练习五禽戏的要点是护其肾气,养其肝气,调其肺气,理其脾气,升其清气,降其浊

气，闭其邪恶不正之气，培其元气，守其中气，保其正气。这种"正气"正是孟子所说的"至大至刚，以直养而无害"之气。提升道德修养必然要把培育正气放在首要位置，而培育正气也是五禽戏锻炼的首要任务。

第二，清静自然是五禽戏锻炼的根本准则

以老子、庄子为代表的清静无为、恬淡寡欲、抱一守中、专气致柔等观念和主张，以及"坐忘""心斋"等修炼方法，深刻影响了五禽戏编创思想和方法的发展，成为功法锻炼时的根本准则。

清静是指"守静"、"养神"，"致虚极、守静笃"，"虚其心，实其腹，弱其志，强其骨"，"虚而不屈，动而愈出，多言数穷，不如守中"。无为是指"依乎天理，因其固然"，"人法地，地法天，天法道，道法自然"，认为人对待生命应该顺应自然，淡泊处之。

在五禽戏锻炼中，要点是"清静专一"，"恬淡虚无"，如此则"静能生慧"，心灵"必静必清"，"水静犹明，而况精神？"动作要以自然大方为宜，不僵不拘，舒适放松，按照人体运动规律发展各方面机能。

第三，动静结合、练养相兼是五禽戏锻炼的基本方法

动静结合，是指练习过程中要动中有静、静中有动，动与静要紧密配合、合理搭配，形动而神易静，静极又能生动。一般来讲，动对疏通经络、调和气血、滑润关节、强壮肢体有良好的功效；而静对平衡阴阳、调整脏腑、安定情绪等有独特的作用。所以，只有动静结合，才能发挥其长处，弥补其不足，起到事半功倍的效果。

"动中有静，静中有动"，是指练习中意念应集中于动作、穴位、经络、气息的运行上，排除一切杂念，达到相对的"静"，虽然形体处于相对安静状态，但能体会到体内气血的流通、脏腑的活动等，即静中有动的感觉。

练养相兼，是指练和养相互配合。养不只体现在功法锻炼中的静养、养气等动作和过程中，还包括日常生活中的道德涵养和性情修养；练指的是锻炼中动作、呼吸和心理的协调配合，以改善神经、呼吸、循环、消化、运动、泌尿、生殖、内分泌等各个系统的活动功能，使之由紊乱不协调，趋向于相对稳定的动态平衡。练养相兼对诱发、调动、聚集、增强体内的正气具有积极作用。总之，动静结合、练养相兼是提高五禽戏锻炼质量必须遵循的基本方法和原则。

第四，内外合一、形神兼备是五禽戏锻炼的基本要点

内与外、神与形是相互联系的统一整体。从外形表现来看，五禽戏是由身体各组织所实施的肌肉活动。但实际上，它是在中枢神经系统的指挥下，由身体各组织、器官和系统相互配合共同完成的，因此锻炼时必须内外合一、形神兼备。

"形"是肢体的外在表现，是由神来支配的，所以只有神形统一，内外才能合一。在技术上往往把内在的精气神与外部的形体动作紧密结合起来，做到"心动形随"、"形断意连"、"势断气连"。"神"是指人的思想意识活动，是内在脏腑精气的外在表现。整个机体，从大脑到内脏，从五官七窍到经络、气血、精、津液以及肢体的活动，无不依赖神的作用而维持其正常的生命活动，所以《内经》上说"得神者昌，失神者亡"。可见"神"在人体生命活动中的重要性。

第五，运动适度、循序渐进、持之以恒是取得锻炼效果的重要保证

运动适度是指运动负荷安排要合理，锻炼时间要适当，运动与休息要交替进行、合理间隔，以最大限度地增加锻炼效果。

循序渐进是指锻炼时，不同年龄、不同体质、不同健康状况、不同身体条件的练习者，要根据个人的实际情况逐步增加练习的运动量、运动强度和难度。

持之以恒是指健身气功锻炼时要有坚持不懈的品质与常年有恒的意志，信念坚定，勤

学善思,勇于探索,全面提高锻炼效果。

五禽戏锻炼首先要克服由于练功而给身体带来的不适,如肌肉关节酸痛、动作僵硬、紧张、手脚配合不协调、顾此失彼等。随着练习的逐渐深入,姿势、动作会逐步工整、准确,动作的连贯性与控制能力得到提高,对动作要领的体会不断加深,对动作细节更加注意,动作和呼吸配合更加协调。最后,逐渐达到动作、呼吸、意念的有机结合。

由于练功者体质状况及对功法的掌握与习练上存在差异,其练功效果可能不尽相同。良好的练功效果是在科学练功方法的指导下,随着时间和习练数量的积累而逐步达到的。因此,习练者不要"三天打鱼,两天晒网",应持之以恒,运动适度,循序渐进。

小知识

三线放松

放松是健身气功锻炼的重要因素之一。三线放松是将身体分为两侧、前面、后面三条线,用意念依次地进行放松的方法。

第一条线:头顶百会穴→头两侧→颈两侧→肩部→上臂→肘关节→前臂→腕关节→两手→十个手指。

第二条线:头顶百会穴→面部→颈部→胸部→腹部→两大腿→膝关节→两小腿→两脚→十个脚趾。

第三条线:头顶百会穴→后脑部→后颈部→背部→腰部→两大腿后面→两膝窝→两小腿→两脚→两脚跟→两脚心。

用意念按预定路线依次进行放松:先注意一个部位,然后默念"松",体会并检查,然后忘记这一部位,再注意下一个部位,再默念"松",体会检查,循序而下。

放松完第一条线后,接着做第二条线放松,再做第三条线放松。每放松完一条线,在一定部位——止息点意守片刻。第一条线的止息点是中指;第二条线的止息点是大脚趾;第三条线的止息点是前脚心。